Patrick Rosenthal

# Das inoffizielle Kochbuch zu TOLKIENS WELT

Patrick Rosenthal

# Das inoffizielle Kochbuch zu TOLKIENS WELT

Eine kulinarische Reise nach Mittelerde

riva

# INHALT

## 47 WÄRMENDE MAHLZEITEN UND STÄRKENDE SUPPEN

## 111 GETRÄNKE

# Vorwort

Als ich den Namen »Tolkien« das erste Mal gehört habe, war das der Beginn meiner großen Liebe. Das hatte aber in diesem Fall nichts mit Hobbits, Elben, Zwergen oder Drachen zu tun. Ich habe schlichtweg meine große Liebe im Internet kennengelernt, und da diese ein echter Herr-der-Ringe-Fan ist, war der Username in einem Internet-Forum eben »Tolkien«. Ihr könnt euch vorstellen, wie oft ich danach die Filme anschauen musste. Gut, der Ring – der Hochzeitsring – blieb zwar aus, doch ein Herr-der-Ringe-Ring wurde natürlich verschenkt. Und als ich das erste Mal Galadriel sah, war es um mich geschehen.

Viele Jahre später sitze ich hier und schreibe ein Herr-der-Ringe-Kochbuch. Gibt es wirklich Hinweise auf Kulinarisches in Tolkiens Werk? Nicht viele, aber bekannt ist, dass Hobbits Pilze lieben und alles, was das Auenland hervorbringt, also Forellen, Wild, Obst, Kräuter und Gemüse. Daher findest du in diesem Buch nicht nur leckere Rezepte mit Pilzen vom Feld, sondern auch vegetarische Gemüsemahlzeiten und Fisch (wir wissen alle, wie Gollum seinen Fisch am liebsten mag).

Aber auch von den Elben habe ich mich inspirieren lassen, die ebenso gerne essen und trinken (besonders Wein schätzen die Elben aus dem Düsterwald). Und da die Zwerge besonders viel verspeisen, findest du sättigende Eintöpfe genauso wie frisches Brot (ich mag Lembas, auch wenn es nicht von Elben aus Lothlórien gebacken wurde) und Cram.

Was mir aber richtig gut gefällt, sind die Essgewohnheiten der Hobbits: Frühstück um 7 Uhr, um in die Gänge zu kommen, dann das zweite Frühstück um 9 Uhr und als Nächstes der 11-Uhr-Imbiss, um sich eine kleine Pause zu gönnen. Es folgt ein stärkendes Mittagessen um 13 Uhr. Klar, dass der Nachmittags-Tee um 15 Uhr nicht fehlen darf, bevor es um 18 Uhr an das Abendessen geht. Und da man nicht hungrig ins Bett gehen sollte, gibt es um 21 Uhr noch das Nachtmahl. Klingt doch super, oder? Also: »Mado vae«! (Guten Appetit)

# FRÜHSTÜCK

Hier findest du eine feine Auswahl an Frühstücksideen, die sich als erstes Frühstück um 7 Uhr genauso gut eignen wie als zweites Frühstück um 9 Uhr. Und da es für einen Hobbit auch mal deftig sein darf, dürfen Pilze, Speck und Käse natürlich nicht fehlen. Hobbits sind ja bekannt dafür, dass sie gerne gut und oft essen. Da muss der Tag einfach mit einem sättigenden Frühstück beginnen.

# Porridge

**FÜR 4 PORTIONEN**

35 g zarte Haferflocken
500 ml Milch
1 Prise Salz
125 g Mandeln
1 Prise Zimt

1. Haferflocken, Milch und Salz in einem Topf unter ständigem Rühren erhitzen und 2–3 Minuten leicht köcheln lassen, bis eine breiige Konsistenz entsteht.
2. Die Mandeln grob hacken.
3. Porridge auskühlen lassen, in Schalen anrichten und mit Mandeln und Zimt bestreuen.

**TIPP**

Als Topping eignen sich auch verschiendene Früchte, wie zum Beispiel Äpfel.

# Bacon Jam

**FÜR 1 GLAS À 300 ML**

300 g Bacon in Scheiben
1 Zwiebel
3 Knoblauchzehen
80 g brauner Zucker
1 Tasse Espresso
50 g Ahornsirup
2 EL Bourbon-Whiskey
1 EL Balsamico-Essig
1 EL grober Dijon-Senf

1. Bacon hacken und in einem Topf langsam braun braten, dann herausnehmen und auf einem Küchentuch abtropfen lassen.
2. Zwiebel und Knoblauch schälen, fein würfeln und im ausgetretenen Baconfett 5 Minuten dünsten, den Bacon wieder zugeben und unterrühren.
3. Zucker, Espresso, Ahornsirup, Whiskey, Balsamico und Dijon-Senf untermischen. Bei niedriger Hitze 20 Minuten einköcheln lassen, dann Jam heiß in ein Einmachglas füllen und dieses verschließen.

# Overnight Oats

**FÜR 2 PORTIONEN**

100 g zarte Haferflocken
300 ml Milch
300 g frische Beeren
2 EL gehackte Nüsse

1. Am Vorabend die Haferflocken in einer Schüssel mit Milch verrühren und abgedeckt über Nacht im Kühlschrank kalt stellen.
2. Am nächsten Morgen die Beeren vorsichtig waschen, evtl. Grün entfernen und Beeren je nach Größe etwas zerkleinern.
3. Overnight Oats mit den Beeren in Schüsseln anrichten und mit gehackten Nüssen bestreuen.

# Hobbit Style Mushroom Toast

**FÜR 2 PORTIONEN**

250 g frische gemischte Pilze
1 EL Olivenöl
30 ml trockener Sherry
1 Zweig Thymian
Salz
Pfeffer
1 EL Butter
2 Scheiben Vollkorntoast

1. Pilze mit einem Küchentuch säubern und je nach Größe halbieren.
2. Olivenöl in einer Pfanne erhitzen und Pilze darin braten, bis sie größtenteils weich sind.
3. Mit Sherry ablöschen, den Thymian dazugeben und Flüssigkeit fast vollständig einkochen lassen, dann mit Salz und Pfeffer würzen.
4. Dann Butter einrühren.
5. Toastbrot im Toaster rösten.
6. Thymian entfernen und Pilzmischung auf den Toasts verteilen.

# Frühstücksauflauf für Bilbo

**FÜR 2 PORTIONEN**

300 g Weißbrot (z. B. Baguette)
200 g Speckwürfel
6 Eier
1 l Milch
Salz
Pfeffer
150 g geriebener Gouda
Fett für die Form
1 Bund frische Petersilie

1. Weißbrot in Scheiben schneiden und jede Scheibe in Stücke zupfen.
2. Speckwürfel in einer beschichteten Pfanne ohne Fettzugabe knusprig braten.
3. Eier und Milch in einer Schüssel mit dem Schneebesen verquirlen und mit Salz und Pfeffer würzen. Brotwürfel, 100 g Gouda und Speck unterheben und Mischung im Kühlschrank 1 Stunde ruhen lassen.
4. Backofen auf 200 °C Ober-/Unterhitze vorheizen.
5. Eine Auflaufform einfetten und die Brot-Eier-Mischung hineinfüllen. Den restlichen Käse darüber verteilen. Den Auflauf mit Alufolie bedecken und 25 Minuten im Ofen backen. Alufolie entfernen und Auflauf weitere 15 Minuten backen.
6. Währenddessen Petersilie waschen, trocken schütteln und hacken.
7. Auflauf vor dem Servieren mit Petersilie bestreuen.

# Speck-Eier-Muffins

**FÜR 12 STÜCK**

5 Eier
200 ml Sahne
3 EL geriebener Parmesan
Salz
Pfeffer
¼ TL getrockneter Oregano
¼ TL getrockneter Thymian
24 Scheiben Bacon

1. Backofen auf 180 °C Ober-/Unterhitze vorheizen.
2. Eier, Sahne, Parmesan, Salz und Pfeffer in eine Schüssel geben und mit dem Schneebesen verrühren. Oregano und Thymian untermischen.
3. Jede Vertiefung eines Muffinblechs mit 2 Scheiben Bacon auslegen. Die Eiermasse gleichmäßig auf die Mulden verteilen und Muffins 15 Minuten im Ofen backen.

# Bilbos Orangenmarmelade

**FÜR CA. 8 GLÄSER À 250 ML**

1 kg Bio-Orangen
1 kg Zucker

1. Orangen waschen und filetieren, indem du die Orangen auf die Unterseite stellst. Dann mit einem scharfen Messer die gesamte Schale in Streifen so herunterschneiden, dass die weiße Haut vollständig vom Fruchtfleisch der Orange entfernt wird. Die Schale dünn abschneiden und die weiße Haut von den Früchten und der Schale gründlich entfernen.
2. Orangenschale in einen Topf geben. So viel kaltes Wasser zugießen, dass sie ganz damit bedeckt sind. Schalen 2 Stunden bei milder Hitze köcheln lassen.
3. Orangen in dünne Scheiben schneiden und in einer Schüssel mit dem Zucker vermengen.
4. Die Schalen mit einem Schaumlöffel aus dem Wasser heben und in dünne Streifen schneiden. Orangen-Zucker-Mischung und Schalenstreifen in den Topf geben und bei schwacher Hitze köcheln lassen, bis die Masse dickflüssig wird. Auf niedriger Hitze und ohne Deckel etwa drei Stunden köcheln lassen, ab und an rühren.
5. Die heiße Marmelade direkt in saubere Einmachgläser füllen, den Schraubdeckel aufdrehen.
6. Die Gläser bis zum vollständigen Erkalten bei Zimmertemperatur stehen lassen, ohne sie zu bewegen.

# BROTE UND SNACKS

Snacks und Brot sind in Mittelerde unverzichtbar, denn gerade auf langen Wanderungen braucht man etwas, das schön satt macht und sich auch ungekühlt mehrere Tage hält. So zum Beispiel Lembas, ein besonders nahrhaftes Brot, bei welchem meist nur ein Bissen genügt, oder Cram, ein hartes, eher geschmackloses Brot, das mit ein bisschen Honig aber richtig gut schmeckt. Und natürlich dürfen Bilbos Kümmelkuchen nicht fehlen, die er gerne am Nachmittag backt, um sie dann nach dem Abendessen zu verspeisen.

# Bilbos Kümmelkuchen

**FÜR 6 STÜCK**

180 g Butter, Zimmertemperatur
180 g Zucker
1 TL Vanilleextrakt
1 Bio-Zitrone
3 Eier
200 g Mehl
2 TL Backpulver
1 TL Salz
100 g gemahlene Mandeln
1½ TL Kümmel
Fett für die Formen

1. Backofen auf 200 °C Ober-/Unterhitze vorheizen.
2. Butter und Zucker in eine Schüssel geben und mit dem Handmixer schaumig schlagen. Vanille unterrühren.
3. Zitrone heiß abwaschen, abtrocknen, die Schale fein abreiben und in die Schüssel geben.
4. Eier nach und nach unterrühren.
5. Mehl, Backpulver, Salz und gemahlene Mandeln in einer Schüssel vermengen und nach und nach unter den Teig heben. 1 TL Kümmel zugeben.
6. 6 Mini-Kuchenformen (ca. 7 x 13 cm) einfetten. Den Teig gleichmäßig darauf verteilen und mit dem restlichen Kümmel bestreuen. 15–20 Minuten im Ofen backen.

# Eingelegte Tomaten

**FÜR 2 GLÄSER Á 1 KG**

2 kg Tomaten
einige Zweige Thymian
Salz
Pfeffer
1 EL Zucker
3 EL Olivenöl plus mehr zum Bedecken

1. Die Tomaten waschen, je nach Größe vierteln oder halbieren und entkernen.
2. Backofen auf 100 °C Ober-/Unterhitze vorheizen.
3. Die Thymianzweige waschen, trocken schütteln und die Blätter von den Stielen streifen.
4. Tomaten nebeneinander auf ein Backblech legen, mit Salz und Pfeffer würzen, etwas frischen Thymian und Zucker darüberstreuen. Alles mit Olivenöl beträufeln.
5. Tomaten 2 ½ Stunden im Backofen trocknen, dabei nach 1 ½ Stunden einmal wenden.
6. Tomaten aus dem Ofen holen, auskühlen lassen und in sterilisierte Einmachgläser schichten. Jeweils so viel Olivenöl angießen, dass die Tomaten gut damit bedeckt sind, und Deckel auflegen.

# Beorns kleine Honigbrote

**FÜR 12 STÜCK**

Fett für die Form
1 Bio-Zitrone
200 g Mehl
1 ½ TL Backpulver
½ TL Salz
¼ TL frisch gemahlene Muskatnuss
110 g Butter, Zimmertemperatur
180 ml Milch
2 Eier
240 ml Honig

1. Backofen auf 180 °C Ober-/Unterhitze vorheizen und ein Muffinblech leicht einfetten.
2. Zitrone heiß abwaschen, abtrocknen und die Schale fein abreiben.
3. Mehl, Backpulver, Salz, Muskatnuss und Zitronenschale in einer Schüssel vermischen.
4. Die Butter in Stücke schneiden, mit den Händen in die Mehlmischung einarbeiten, bis der Teig wie eine sandige Mischung aussieht.
5. In einer kleinen Schüssel Milch, Eier und 180 ml Honig verrühren und zur Mehlmischung geben. Kurz mit dem Handmixer vermengen.
6. Teig in die Mulden des Muffinblechs füllen und 15 Minuten im Ofen backen. Aus dem Ofen nehmen, die Muffins aus den Förmchen heben und auf ein mit Backpapier ausgelegtes Backblech setzen.
7. Den restlichen Honig in einem Topf erwärmen und mit einem Silikonpinsel auf den kleinen Kuchen verteilen. Muffins 5 Minuten ruhen lassen, dann nochmals 10 Minuten im Ofen backen.

# Rosinen-Scones

**FÜR 10 STÜCK**

225 g Mehl plus mehr für die Arbeitsfläche
1 TL Backpulver
1 TL Zucker
1 Päckchen Vanillezucker
½ TL Salz
50 g weiche Butter
100 g Joghurt
2 EL Rosinen
1 Eigelb

1. Den Backofen auf 220 °C Umluft vorheizen und ein Backblech mit Backpapier auslegen.
2. Mehl, Backpulver, Zucker, Vanillezucker, Salz, Butter und Joghurt in eine Schüssel geben und mit dem Handmixer zu einem Teig verkneten. Rosinen unterheben.
3. Teig auf einer bemehlten Arbeitsfläche etwa 2 cm dick ausrollen, mit einem runden Ausstecher ( ca. Ø 5 cm ) 10 Scones ausstechen und auf das Blech setzen.
4. Eigelb in einer Tasse mit der Gabel verquirlen und die Scones damit bepinseln.
5. Im Backofen in 15–20 Minuten goldbraun backen.

### TIPP

Traditionell wird zu diesem Gebäck Clotted Cream gereicht. Aber auch Bilbos Orangenmarmelade (siehe Seite 24) passt wunderbar dazu.

# Bannock-Brot

**FÜR 10 STÜCK**

320 g Mehl
280 ml Wasser
2 EL Backpulver
1 TL Salz
2 Msp. Anissamen
2 Msp. Fenchelsamen
40 ml Rapsöl

1. Mehl, Wasser, Backpulver, Salz und Samen in eine Schüssel geben und mit dem Handmixer 10 Minuten zu einem Teig verkneten.
2. Aus dem Teig 10 daumendicke Teiglinge formen.
3. Etwas Öl in einer Pfanne erhitzen, Teiglinge portionsweise hineingeben und rundum goldbraun backen.

**TIPP**

Ursprünglich stammt das flache Bannock-Brot aus den schottischen Highlands, wo es zahlreiche lokale Varianten der Zubereitung gibt.

# Dinkel-Apfel-Babka

**FÜR 1 KASTENFORM (CA. 11 × 25 CM)**

175 ml Milch
½ Würfel frische Hefe
500 g Dinkelmehl
75 g Zucker
1 Päckchen Vanillezucker
1 Prise Salz
2 Eier
150 g Butter, Zimmertemperatur
750 g Äpfel
5 EL Zitronensaft
Fett für die Form
Mehl für die Arbeitsfläche
200 g Apfelkraut
100 g Puderzucker

1. Milch in einem Topf lauwarm erwärmen. Die Hefe hineinbröseln und unter Rühren auflösen. Hefemilch in eine Schüssel umfüllen.
2. Mehl, Zucker, Vanillezucker, Salz, Eier und Butter zugeben und mit dem Handmixer verkneten. Teig zugedeckt an einem warmen Ort mindestens 1 Stunde gehen lassen.
3. Äpfel schälen, entkernen und würfeln. Apfelwürfel in einer Schüssel mit 3 EL Zitronensaft vermengen.
4. Eine Kastenform gut einfetten.
5. Teig auf einer bemehlten Arbeitsfläche zu einem Rechteck von 45 × 55 cm Größe ausrollen.
6. Das Apfelkraut durchrühren und auf dem Teig verteilen. Die Apfelwürfel daraufstreuen und Teigplatte von der langen Seite her aufrollen.
7. Rolle zu einem Ring zusammenlegen, diesen dreimal in sich verdrehen und in die Kastenform legen. Zugedeckt weitere 30 Minuten gehen lassen.
8. Backofen auf 180 °C Ober-/Unterhitze vorheizen.
9. Brot in 1 Stunde im Ofen goldbraun backen. Herausnehmen und in der Form auskühlen lassen.
10. Puderzucker mit dem restlichen Zitronensaft in einer Schüssel verrühren. Guss auf dem Brot verteilen und fest werden lassen.

# Cram

**FÜR 1 KASTENFORM (CA. 20 × 13 CM)**

25 g Butter plus mehr für die Form
100 ml Milch
50 ml Wasser
1 Päckchen Trockenhefe
1 EL Honig
250 g Mehl plus mehr für die Form
1 TL Zucker
½ TL Salz
½ TL Zimt
½ TL gemahlener Anis
½ TL gemahlener Piment

1. Die Butter in einem kleinen Topf erwärmen und schmelzen. Topf vom Herd nehmen und Milch, Wasser, Tockenhefe sowie Honig unterrühren und abkühlen lassen.
2. Mehl, Zucker, Salz und Gewürze in einer Schüssel vermengen. Hefemischung zugeben und alles mit dem Handmixer zu einem Teig verkneten. Teig zugedeckt an einem warmen Ort 45 Minuten gehen lassen.
3. Eine Kastenform mit Butter einfetten und mit etwas Mehl bestäuben.
4. Teig nochmals kurz durchkneten, in die Form geben, abdecken und 1 Stunde gehen lassen. In der Zwischenzeit den Backofen auf 200 °C Ober-/Unterhitze vorheizen.
5. Brot im Ofen 40 Minuten backen. Herausholen, kurz abkühlen lassen, aus der Form stürzen und dann komplett auskühlen lassen.
6. Am nächsten Tag das Brot in 1 cm dicke Scheiben schneiden und diese auf einem mit Backpapier ausgelegten Backblech verteilen. Im Backofen bei 80 °C Ober-/Unterhitze 1 Stunde trocknen lassen.

# Lembas

**FÜR 12 STÜCK**

1 TL Koriandersaat
2 TL Kardamomsaat
1 TL Fenchelsaat
200 ml Milch
1 Päckchen Trockenhefe
200 g Roggenmehl
100 g Weizenmehl plus mehr für die Arbeitsfläche
1 EL gemahlene Mandeln
2 TL Salz
1 EL Pflanzenöl

1. Koriandersaat, Kardamomsaat und Fenchelsaat in einem Mörser zerstoßen.
2. Die Milch in einem kleinen Topf erhitzen und die Hefe unterrühren.
3. Beide Mehlsorten, gemahlene Gewürze und Mandeln in einer Schüssel vermischen. Salz und Öl zugeben.
4. Die Milch-Hefe-Mischung dazugießen und alles mit dem Handmixer zu einem homogenen Brotteig verkneten. Teig zugedeckt an einem warmen Ort 1 Stunde gehen lassen.
5. Währenddessen Backofen auf 200 °C Ober-/Unterhitze vorheizen und ein Backblech mit Backpapier auslegen.
6. Teig nochmals durchkneten und auf einer bemehlten Arbeitsfläche auf Backblechgröße ausrollen. Teig in 12 Quadrate schneiden, diese auf das Backblech legen, mehrmals mit einer Gabel einstechen und 8–10 Minuten im Ofen backen.

# Kartoffelbrot

**FÜR 1 KASTENFORM (CA. 20 × 13 CM)**

125 ml Milch
1 Würfel frische Hefe
350 g Mehl
1 TL Salz
2 TL Zucker
1 TL gemahlener Rosmarin
200 g Kartoffelpüree
etwas Öl

1. Milch in einem Topf lauwarm erwärmen, die Hefe hineinbröseln und unter Rühren auflösen.
2. Mehl, Salz, Zucker und Rosmarin in einer Schüssel vermengen und die Hefemilch dazugeben. Das Kartoffelpüree untermischen und Teig mit dem Handmixer mindestens 10 Minuten kneten.
3. Eine Schüssel leicht einölen, den Teig hineingeben und abgedeckt 30 Minuten gehen lassen.
4. Eine Kastenform ebenfalls leicht einölen.
5. Teig nochmals durchkneten, in die Form geben und weitere 30 Minuten abgedeckt gehen lassen.
6. Den Backofen auf 180 °C Umluft vorheizen. Das Kartoffelbrot in 30–35 Minuten im Ofen goldbraun backen.

## Kartoffelpüree

**FÜR 1 KG**

1 kg mehligkochende Kartoffeln
2 TL Salz
50 ml Milch
2 EL Butter
1 Prise frisch gemahlene Muskatnuss

1. Die Kartoffeln schälen, waschen, in Stücke schneiden und in einen Topf geben. So viel Wasser zugießen, dass die Kartoffeln gerade damit bedeckt sind. Salz zugeben und aufkochen lassen, dann Temperatur reduzieren und Kartoffeln mit geschlossenem Deckel 20 Minuten köcheln lassen.
2. Topf vom Herd nehmen, Wasser abgießen und die Kartoffeln mit dem Gemüsestampfer zerdrücken. Milch zugießen, Butter unterrühren und alles mit Muskatnuss würzen. Nochmals mit dem Gemüsestampfer gut durchmengen. Ggf. mit Salz nachwürzen.

## TIPP

Schmeckt lauwarm mit etwas Honig einfach köstlich.

Das Brot ist ideal, um Kartoffelpüreereste vom Vortag zu verarbeiten. Ansonsten einfach das Kartoffelpüree frisch machen und auskühlen lassen.

# WÄRMENDE MAHLZEITEN UND STÄRKENDE SUPPEN

Gemüse gibt es in Mittelerde satt. Da kann auch mal ein vegetarisches Gericht wie Grillgemüse oder ein Zucchinisalat auf dem Speiseplan stehen. Der Rest wird in deftige Eintöpfe verwandelt. Ich habe bewusst auf Éowyns Eintopf verzichtet, denn nach Aragorns Gesicht zu urteilen war dieser fast ungenießbar. Aber Sams Kanincheneintopf hat einen Platz bekommen, auch wenn Sméagol das Kaninchen lieber roh gegessen hätte.

# Sams Kanincheneintopf

**FÜR 3–4 PORTIONEN**

1 kg Kaninchenfilet
2 Karotten
2 Kartoffeln
2 Steckrüben
3 EL Speiseöl
3 EL Mehl
1 l Hühnerbrühe
5 Zweige Thymian
25 Salbeiblätter
3 Lorbeerblätter
Salz
½ TL frisch gemahlener schwarzer Pfeffer

1. Das Kaninchenfleisch in grobe Stücke schneiden.
2. Karotten putzen, schälen und in Scheiben schneiden. Kartoffeln schälen, waschen und in Stücke zerteilen. Rüben putzen, schälen und in mundgerechte Stücke schneiden.
3. Etwas Speiseöl in einem Bräter erhitzen und die Kaninchenwürfel darin von allen Seiten anbraten, herausnehmen und zur Seite stellen.
4. Möhren, Rüben und Kartoffeln im restlichen Öl anbraten, dann das Mehl über das Gemüse streuen und gut vermengen. 1 Minute mit anbraten, dann mit Hühnerbrühe ablöschen.
5. Thymian waschen, die Blättchen abzupfen und fein hacken. Salbei waschen. Kräuter mit den Lorbeerblättern in den Topf geben und Brühe zum Kochen bringen.
6. Kaninchenstücke in den Topf legen und abgedeckt 1–1 ½ Stunden garen, bis das Fleisch durch und zart ist. Eintopf mit Pfeffer und Salz würzen. Vor dem Servieren die Lorbeerblätter herausnehmen.

# Farmer Maggots Kohl-Wurst-Suppe

**FÜR 4 PORTIONEN**

1 Zwiebel
1 Karotte
1 Stange Staudensellerie
1 große Kartoffel
1 kleiner Kohlkopf
2 EL Pflanzenöl
500 g Mettwurst
50 g Speckwürfel
5 Tassen Gemüsebrühe
100 ml Sahne
Salz
Pfeffer

1. Zwiebel schälen und würfeln. Karotte und Staudensellerie putzen, waschen und klein würfeln. Kartoffel schälen, waschen und in Würfel schneiden. Den Kohlkopf putzen, waschen und grob hacken.
2. Pflanzenöl in einem Topf erhitzen. Mettwurst in Scheiben schneiden, mit den Speckwürfeln in den Topf geben und anbraten. Dann herausnehmen und zur Seite stellen.
3. Zwiebel, Karotte und Sellerie in den Topf geben und 10 Minuten braten. Wurst, Speck und Kartoffel zugeben und verrühren. Kohl zugeben, mit Brühe aufgießen und zum Kochen bringen.
4. Suppe 20 Minuten bei niedriger Hitze köcheln lassen. Die Sahne unterrühren und erwärmen. Suppe mit Salz und Pfeffer würzen.

# Wirsingeintopf

**FÜR 4 PORTIONEN**

1 kg Kartoffeln
1 Zwiebel
1 Knoblauchzehe
1 ½ kg Wirsing
400 ml Gemüsebrühe
Butterschmalz zum Braten
800 g Rinderhackfleisch
Salz
Pfeffer
200 ml Sahne
frisch gemahlene Muskatnuss
3 Stängel Petersilie

1. Kartoffeln, Zwiebel und Knoblauch schälen. Zwiebel und Knoblauch fein hacken.
2. Kartoffeln waschen und in Würfel schneiden. Wirsing putzen, waschen und klein schneiden.
3. Gemüsebrühe in einem Topf zum Kochen bringen und die Kartoffeln darin 10 Minuten kochen, dann den Topf vom Herd nehmen.
4. Butterschmalz in einer großen Pfanne erhitzen und Rinderhackfleisch, Zwiebel und Knoblauch darin braten, dann mit Salz und Pfeffer würzen.
5. Etwas Butterschmalz in einem Topf erhitzen und die Wirsingstreifen darin 10 Minuten dünsten.
6. Die Kartoffelwürfel mit der Gemüsebrühe zum Wirsinggemüse geben, Hackfleisch und Sahne untermischen und alles mit Salz, Pfeffer und Muskat kräftig abschmecken.
7. Eintopf 10 Minuten bei sanfter Hitze köcheln lassen.
8. Währenddessen Petersilie waschen, trocken schütteln und hacken.
9. Vor dem Servieren Eintopf mit Petersilie bestreuen.

# Grillgemüse mit Zitronen-Joghurt-Dressing

**FÜR 4 PORTIONEN**

**Für das Grillgemüse**

600 g kleine Kartoffeln
2 Zucchini
1 gelbe Paprikaschote
1 Aubergine
2 rote Zwiebeln
1 Knoblauchzehe
300 g Datteltomaten
Salz
Pfeffer
1 Zweig frischer Rosmarin
6 EL Olivenöl
Chiliflocken (optional)

**Für das Dressing**

1 Bund frischer Schnittlauch
1 Bio-Zitrone
300 g griechischer Joghurt
2 EL Mayonnaise

1. Kartoffeln gründlich waschen. Zucchini, Paprika und Aubergine putzen und waschen. Zucchini und Aubergine in grobe Stücke und Paprika in Streifen schneiden. Zwiebeln und Knoblauch schälen, Zwiebeln achteln, Knoblauch fein hacken.
2. Kartoffeln in einem Topf mit kochendem Salzwasser 8 Minuten kochen, dann in ein Sieb abgießen und halbieren.
3. Backofen auf Grillstufe 3 vorheizen oder den Grill anheizen.
4. Tomaten waschen.
5. Kartoffeln, vorbereitetes Gemüse, Tomaten, Zwiebeln und Knoblauch in eine Auflaufform geben und mit Salz und Pfeffer würzen. Den Rosmarinzweig waschen, die Nadeln abstreifen und mit dem Gemüse vermengen. Das Olivenöl darübergießen.
6. Gemüse im Backofen mit Grillfunktion oder im geschlossenen Grill 15–20 Minuten grillen.
7. Für das Dressing den Schnittlauch waschen, trocken schütteln und in feine Röllchen schneiden. Zitrone heiß abwaschen, abtrocknen, die Schale fein abreiben und den Saft auspressen.
8. Alle Zutaten für das Dressing in einer Schüssel verrühren und Dressing zum Gemüse servieren.
9. Wer es etwas schärfer mag, der kann vor dem Servieren ein paar Chiliflocken über das Gemüse streuen.

# Warmer süßsaurer Zucchinisalat

**FÜR 2 PORTIONEN**

4 EL Rosinen
3 EL Balsamico-Essig
1 EL Sojasoße
3 EL heißes Wasser
3 EL Haselnusskerne
800 g Zucchini
1 Peperoni
3 Knoblauchzehen
20 g frischer Ingwer
1 ½ Bund frische Petersilie
2 Zweige Minze
6 EL Olivenöl
Salz
1 EL brauner Zucker

1. Rosinen in eine Schüssel geben, mit Balsamico, Sojasoße und Wasser verrühren und etwas ziehen lassen.
2. Haselnüsse kurz in einer Pfanne ohne Fettzugabe rösten, dann grob hacken.
3. Zucchini und Peperoni putzen und waschen. Zucchini würfeln und Peperoni fein hacken. Knoblauch schälen und auf einen Teller zerdrücken, den Ingwer schälen und dazureiben. Petersilie und Minze waschen, trocken schütteln und hacken.
4. Olivenöl in einer Pfanne erhitzen und die Zucchiniwürfel darin anbraten, bis sie leicht braun werden. Ingwer, Peperoni und Knoblauch zugeben, salzen und 3 Minuten braten. Zucker darüberstreuen und karamellisieren lassen.
5. Rosinen und Haselnüsse unterheben, dann Minze und Petersilie untermengen. Salat 1–2 Minuten leicht köcheln lassen, dann lauwarm servieren.

# Saftige Knoblauch-Kräuter-Putenbrust mit roten Trauben aus dem Ofen

### FÜR 4 PORTIONEN

2 rote Zwiebeln
1 kg Putenbrust
1 TL rosenscharfes Paprikapulver
2 Knoblauchknollen
3 EL Olivenöl
100 ml Gemüsebrühe
5 EL Balsamico-Creme
250 g Champignons
600 g kernlose rote Trauben
½ Bund Thymian
½ Bund frische Petersilie
Salz
Pfeffer

1. Rote Zwiebeln schälen und in Ringe schneiden.
2. Backofen auf 200 °C Ober-/Unterhitze vorheizen.
3. Aus der Putenbrust 4–6 Filets schneiden und mit Paprikapulver einreiben.
4. Knoblauchknollen quer halbieren und zusammen mit der Putenbrust und den Zwiebelscheiben auf einem mit Backpapier ausgelegten Backblech verteilen.
5. Die Putenbrust mit Öl beträufeln und im Ofen 30 Minuten backen.
6. Gemüsebrühe und Balsamico-Creme in einer Schüssel verrühren und die Putenbrust alle 10 Minuten damit einpinseln.
7. Pilze säubern und Trauben waschen. Thymian und Petersilie waschen und trocken schütteln.
8. Trauben, Kräuter und Pilze 15 Minuten vor Ende der Garzeit mit auf das Backblech geben und mit Salz und Pfeffer würzen.

# Wintergulasch

**FÜR 4 PORTIONEN**

2 Zwiebeln
3 Knoblauchzehen
3 Karotten
250 g Kartoffeln
250 g Steckrübe
2 Pastinaken
250 g Kürbis
Rapsöl
500 g Schweinegulasch
2 EL Tomatenmark
1 TL Gemüsebrühepulver
500 ml Schwarzbier
1 Dose geschälte Tomaten (ca. 500 g)
1 Lorbeerblatt
1 EL Wacholderbeeren
½ EL Pimentkörner
Salz
Pfeffer
Paprikapulver, rosenscharf
1 Bund frische Petersilie

1. Zwiebeln und Knoblauch schälen und fein hacken. Karotten putzen, waschen und in Scheiben schneiden. Kartoffeln schälen, waschen und in Spalten schneiden. Steckrübe und Pastinaken putzen, schälen und würfeln. Kürbis je nach Sorte schälen oder waschen, entkernen und in Würfel schneiden.
2. Etwas Rapsöl in einem Bräter erhitzen und Fleisch darin von allen Seiten 10 Minuten braten. Aus dem Topf nehmen und zur Seite stellen.
3. Zwiebeln, Knoblauch, Karotten und Tomatenmark in den Topf geben und 5 Minuten rösten. Währenddessen den Backofen auf 180 °C Ober-/Unterhitze vorheizen.
4. Fleisch, Gemüsebrühepulver und Schwarzbier in den Topf geben und untermischen, die Temperatur etwas reduzieren.
5. Tomaten, Lorbeerblatt, Wacholderbeeren und Piment zufügen und alles mit Salz, Pfeffer und Paprikapulver würzen.
6. Den Deckel des Bräters aufsetzen und Gulasch im Ofen ca. 2 Stunden schmoren lassen.
7. Vor Ablauf der letzten 20 Minuten die Kartoffelspalten, Pastinaken, Steckrübe und Kürbis zufügen und mitschmoren lassen.
8. Währenddessen Petersilie waschen, trocken schütteln und hacken. Vor dem Servieren Gulasch mit Petersilie bestreuen.

Ballads.
AIR MAIL
INCORPORATED
CINCINNATI. NEW YORK
DOROTHY HILL
JOHN

# Vegetarischer Gemüseeintopf

**FÜR 4 PORTIONEN**

300 g festkochende Kartoffeln
2 Frühlingszwiebeln
300 g Champignons
2 rote Paprikaschoten
3 Fleischtomaten
3 EL Rapsöl
1 Dose weiße Bohnen
(250 g Abtropfgewicht)
2 TL Paprikapulver, edelsüß
3 EL Tomatenmark
200 ml Gemüsebrühe
2 TL Salz
2 TL Pfeffer
400 g Schafskäse

1. Kartoffeln schälen, waschen und würfeln. In einem Topf mit kochendem Salzwasser bissfest garen, dann durch ein Sieb abseihen und zur Seite stellen.
2. Frühlingszwiebeln putzen, waschen und klein schneiden. Champignons säubern und würfeln. Paprikaschoten und Tomaten waschen, putzen und in kleine Stücke schneiden.
3. Rapsöl in einem Topf erhitzen. Frühlingszwiebeln und Champignons darin anbraten, dann Tomaten und Paprika zugeben und 2 Minuten mitgaren. Mit Gemüsebrühe ablöschen und alles 10 Minuten schmoren.
4. Bohnen in ein Sieb abgießen, spülen und abtropfen lassen.
5. Tomatenmark, Bohnen und Kartoffeln in den Topf geben, erwärmen und Eintopf mit Salz und Pfeffer würzen.
6. Den Schafskäse zerbröseln und vor dem Servieren unter den Eintopf heben.

# Forelln-Rote-Bete-Eintopf

**FÜR 4 PORTIONEN**

800 g Rote Bete
1 Bund Frühlingszwiebeln
2 EL Speiseöl
1 TL Pfefferkörner
750 ml Gemüsebrühe
150 g Gerstengraupen
Salz
125 g Räucherforellenfilet
75 g Frischkäse
1 TL Meerrettich
½ Bund frischer Dill

1. Rote Bete schälen (am besten mit Einmalhandschuhen als Schutz für die Hände) und würfeln. Frühlingszwiebeln putzen, waschen und die grünen und weißen Bereiche jeweils separat in Ringe schneiden.
2. Speiseöl in einem Topf erhitzen und die weißen Frühlingszwiebelringe darin anbraten. Die Pfefferkörner grob zerstoßen und zugeben. Rote Bete ebenfalls zufügen, die Gemüsebrühe angießen und alles 20 Minuten köcheln lassen.
3. Graupen in ein Sieb füllen, gut spülen, abtropfen lassen, dann in den Topf rühren und weitere 20 Minuten garen. Mit Salz abschmecken.
4. Fisch in mundgerechte Stücke zupfen. Frischkäse und Meerrettich in einer Schüssel verrühren. Dill waschen, trocken schütteln und hacken.
5. Eintopf mit Fisch, einem Klecks Frischkäse-Meerrettich-Creme, Dill und grünen Lauchringen anrichten.

# Waldpilzsuppe

**FÜR 4 PORTIONEN**

450 g Waldpilze
(z. B. Champignons
oder Seitlinge)
3 EL Öl
1 Zwiebel
2 EL Mehl
500 ml Gemüsebrühe
½ Bund frische Petersilie
300 ml Sahne
Salz
Pfeffer

1. Pilze säubern und je nach Größe halbieren oder vierteln.
2. Öl in einem Topf erhitzen. Zwiebel schälen, fein hacken, in den Topf geben und 5 Minuten anbraten. Pilze zugeben und weitere 5 Minuten garen. Pilze und Zwiebel mit Mehl bestäuben und 2 Minuten anschwitzen.
3. Gemüsebrühe angießen, zum Kochen bringen, dann bei reduzierter Temperatur Suppe 20 Minuten köcheln lassen.
4. Petersilie waschen, trocken schütteln und hacken.
5. Sahne in den Topf geben, verrühren und erhitzen. Suppe mit Salz und Pfeffer würzen.
6. Die Suppe vor dem Servieren mit Petersilie bestreuen.

# Tomatensuppe mit frittierten Tomaten

**FÜR 4 PORTIONEN**

1 kg + 2 Tomaten
2 Zwiebeln
3 Knoblauchzehen
2 EL Olivenöl
750 ml Gemüsebrühe
Salz
Pfeffer
getrockneter Thymian
3 TL Tomatenmark
Speiseöl
frische Oreganoblättchen

1. 1 kg Tomaten waschen, an der Unterseite kreuzweise anritzen und in eine Schüssel legen. Mit kochendem Wasser übergießen und 10 Minuten ruhen lassen. Dann vorsichtig die Haut von den Tomaten entfernen und die geschälten Tomaten klein schneiden.
2. Zwiebeln und Knoblauch schälen und fein würfeln.
3. Olivenöl in einem Topf erhitzen und Zwiebel und Knoblauch darin 3 Minuten braten. Dann die Tomatenwürfel und die Gemüsebrühe zugeben und mit Salz, Pfeffer und Thymian würzen. Suppe 20 Minuten köcheln lassen.
4. Tomatenmark einrühren und Suppe mit einem Stabmixer pürieren.
5. Die restlichen Tomaten waschen und in Scheiben schneiden.
6. Etwa 1 Finger hoch Speiseöl in eine kleine Pfanne gießen und erhitzen. Die Tomatenscheiben darin 5 Minuten frittieren, herausheben, auf einem Küchenpapier abtropfen lassen und auf die Suppe geben.
7. Suppe mit frischem Oregano bestreut servieren.

# Rote-Bete-Suppe

**FÜR 2 PORTIONEN**

500 g Rote Bete
1 Zwiebel
3 EL Pflanzenöl
600 ml Gemüsebrühe
1 Apfel
2 EL Zitronensaft
Salz
Pfeffer
2 EL Tafelmeerrettich

1. Rote Bete schälen (am besten mit Einmalhandschuhen als Schutz für die Hände) und in kleine Stücke schneiden. Zwiebel schälen und würfeln.
2. Öl in einem Topf erhitzen und Zwiebel und Rote Bete darin 5 Minuten braten.
3. Mit Gemüsebrühe ablöschen, dann Suppe 15 Minuten köcheln lassen.
4. Apfel schälen, entkernen und in Würfel schneiden. Apfel und Zitronensaft in den Topf geben und Suppe mit dem Stabmixer pürieren. Mit Salz und Pfeffer würzen.
5. Vor dem Servieren Suppe mit Meerrettich garnieren.

# Herbstsuppe mit Lauch, Fenchel und Blauschimmelkäse

**FÜR 4 PORTIONEN**

2 Fenchelknollen
1 große Kartoffel
3 Lauchstangen
1 Knoblauchzehe
60 g Butter
900 ml Hühnerbrühe
100 ml Sahne
80 g Blauschimmelkäse
15 g Walnusshälften

1. Fenchel putzen, waschen, vierteln, Strunk entfernen und Knollen in Stücke schneiden. Kartoffel schälen, waschen und würfeln. Lauchstangen putzen, waschen und in Scheiben schneiden. Knoblauch schälen und auf einen Teller pressen.
2. Butter in einem Topf erhitzen, Fenchel, Knoblauch, Lauch und Kartoffel zugeben und 5 Minuten braten.
3. Die Hühnerbrühe angießen und Suppe 30 Minuten köcheln lassen.
4. Sahne, Käse und Walnusshälften zugeben. Suppe mit dem Stabmixer pürieren und erwärmen.

# Zucchinisuppe

**FÜR 4 PORTIONEN**

1 Zwiebel
1 Knoblauchzehe
4 Zucchini
2 Kartoffeln
1 EL Pflanzenöl
1,2 l Gemüsebrühe
Salz
½ Bund frisches Basilikum
60 ml Sahne
6 Minzeblättchen

1. Zwiebel und, Knoblauch schälen und klein würfeln.
2. Zucchini putzen und waschen, Kartoffeln schälen und waschen. Beides in Stücke schneiden.
3. Das Öl in einem Topf erhitzen und Zucchini, Knoblauch, Zwiebel und Kartoffeln darin 5 Minuten unter Rühren braten.
4. Gemüsebrühe angießen, Suppe mit Salz abschmecken und dann bei mittlerer Hitze 25 Minuten köcheln lassen. Topf vom Herd nehmen.
5. Basilikum waschen, trocken schütteln, grob hacken und unterrühren. Suppe mit dem Stabmixer pürieren.
6. Die Sahne unterheben und bei schwacher Hitze erwärmen. Minze waschen, hacken und vor dem Servieren auf die Suppe streuen.

# Kartoffelsuppe

**FÜR 4 PORTIONEN**

800 g mehligkochende Kartoffeln
1 Bund Suppengrün
1 ½ l Gemüsebrühe
150 g Crème fraîche
Salz
Pfeffer
1 Prise frisch gemahlene Muskatnuss
Sprossen und grünes Pesto (optional)

1. Die Kartoffeln schälen, waschen und in kleine Würfel schneiden.
2. Suppengrün putzen, waschen und in kleine Stücke schneiden. Gemüsebrühe, Kartoffelwürfel und Suppengrün in einen Topf geben und zum Kochen bringen. Temperatur reduzieren und Suppe 20 Minuten köcheln lassen.
3. Dann mit dem Stabmixer pürieren und Crème fraîche unterrühren. Suppe nochmals kurz aufkochen lassen und mit Salz, Pfeffer und Muskat abschmecken.
4. Nach Belieben Suppe mit Sprossen oder pro Portion 1 TL Pesto garnieren.

**TIPP**

Wer kein Suppengrün bekommt, kann es sich ganz einfach selbst zusammenstellen: eine Karotte, ein Viertel Knollensellerie und eine halbe Stange Lauch.

# Birnen-Linsen-Eintopf

**FÜR 4 PORTIONEN**

1 Bund Suppengrün
4 Birnen
2 Zwiebeln
4 EL Sonnenblumenöl
2 Lorbeerblätter
250 g rote Linsen
1,2 l Gemüsebrühe
300 g Nürnberger Rostbratwürstchen
½ Bund frische Petersilie
Salz
Pfeffer

1. Suppengrün putzen, waschen und klein schneiden. Birnen waschen, vierteln und entkernen. Zwiebeln schälen und fein hacken.
2. 2 EL Öl in einem Topf erhitzen und Suppengrün, Zwiebeln und Lorbeerblätter darin dünsten.
3. Linsen in ein Sieb geben, spülen und abtropfen lassen.
4. Gemüsebrühe in den Topf gießen und aufkochen lassen. Temperatur reduzieren und Suppe 15 Minuten köcheln lassen, nach 5 Minuten die Linsen zugeben.
5. Würstchen halbieren. Das restliche Öl in einer Pfanne erhitzen und Würstchen darin von allen Seiten braun braten. Birnen zugeben und weich dünsten.
6. Währenddessen Petersilie waschen, trocken schütteln und hacken.
7. Würstchen und Birnenspalten zum Linseneintopf geben und diesen mit Salz und Pfeffer würzen.
8. Vor dem Servieren Lorbeerblätter entfernen und Eintopf mit Petersilie bestreuen.

# Biersuppe

**FÜR 4 PORTIONEN**

2 Scheiben Mischbrot
50 g Butter
1 Zwiebel
30 g Mehl
500 ml dunkles Bier
500 ml Gemüsebrühe
125 ml Sahne
1 Eigelb
½ Bund frische Petersilie
Salz
Pfeffer
frisch gemahlene Muskatnuss

1. Für die Croûtons die Rinde vom Brot abschneiden und das Brot würfeln.
2. Etwas Butter in einer Pfanne erhitzen und die Brotwürfel darin rundum goldbraun rösten. Herausnehmen und auf einem Küchenpapier abtropfen lassen.
3. Die Zwiebel schälen, halbieren und Scheiben schneiden.
4. Restliche Butter in einem Topf erhitzen und die Zwiebel darin andünsten.
5. Mehl zugeben, gut verrühren und kurz anschwitzen. Dann Bier und Brühe angießen, alles verrühren und 5 Minuten köcheln lassen.
6. Sahne und Eigelb in einer Schüssel mit dem Schneebesen verquirlen und unter die Suppe rühren.
7. Petersilie waschen, trocken schütteln und hacken.
8. Suppe mit Salz, Pfeffer und Muskat würzen, auf Teller verteilen und mit Brotwürfeln und frischer Petersilie garniert servieren.

# Speck-Kartoffel-Eintopf

**FÜR 4 PORTIONEN**

750 g Kartoffeln
2 Zwiebeln
600 g gemischte Waldpilze (z. B. Champignons oder Seitlinge)
4 Scheiben Frühstücksspeck
2 EL Speiseöl
20 g Butter
40 g Mehl
1 l Gemüsebrühe
200 ml Sahne
Salz
weißer Pfeffer
4 EL trockener Weißwein
½ Bund frischer Schnittlauch

1. Kartoffeln waschen und in einem Topf mit kochendem Salzwasser in 20 Minuten weich garen. In ein Sieb abgießen, mit kaltem Wasser abschrecken und die Schale abziehen.
2. Kartoffeln in Würfel schneiden.
3. Zwiebeln schälen und würfeln. Pilze säubern und in Scheiben schneiden.
4. Speck in einem Topf ohne Fett auslassen, herausnehmen und zur Seite legen.
5. Öl in das Bratfett geben, die Kartoffeln zufügen und anbraten, dann aus dem Topf nehmen und zur Seite stellen.
6. Die Pilze in das Bratfett geben und kräftig anbraten. Zwiebeln zufügen und kurz mitbraten.
7. Butter zugeben und schmelzen lassen. Das Mehl untermischen und kurz anschwitzen. Langsam mit Gemüsebrühe und Sahne ablöschen. Dann Eintopf aufkochen lassen, die Temperatur reduzieren, Eintopf mit Salz, Pfeffer und Wein abschmecken und 1 Minute köcheln lassen.
8. Kartoffeln zufügen und kurz erhitzen.
9. Schnittlauch waschen, trocken tupfen und in Röllchen schneiden.
10. Eintopf mit Schnittlauch bestreuen und mit Speckscheiben belegt servieren.

# Rotwein-Rindfleisch mit Serviettenknödel

**FÜR 4 PORTIONEN**

Für das Rindfleisch
1 kg Rindfleisch
2 Karotten
je 1 rote, gelbe und grüne Paprikaschote
½ Sellerieknolle
2 Zwiebeln
3 EL Sonnenblumenöl
3 EL Tomatenmark
1 EL Mehl
500 ml trockener Rotwein
500 ml Rinderbrühe
½ Bund Thymian
½ Bund Majoran
Salz
Pfeffer

Für die Serviettenknödel
200 g altbackene Brötchen
6 EL Butter geschmolzen
1 Zwiebel
300 ml Milch
3 Eier
1 Prise Muskatnuss
1 Prise Salz
1 Prise Pfeffer

1. Rindfleisch in Würfel schneiden. Karotten schälen und in Streifen schneiden. Paprika waschen, abtrocknen und in Streifen schneiden.
2. Sellerieknolle schälen und würfeln. Zwiebeln enthäuten und in Streifen schneiden.
3. 2 EL Öl in einem Bräter stark erhitzen und die Fleischwürfel von allen Seiten scharf anbraten, herausnehmen und zur Seite stellen.
4. Restliches Öl in den Topf geben, erhitzen und Karotten, Paprika, Sellerie und Zwiebeln darin anbraten. Tomatenmark und Mehl zugeben und eine Minute mit anrösten.
5. Mit Rotwein und Rinderbrühe ablöschen. Das Fleisch zugeben und bei schwacher Hitze 2 Stunden köcheln lassen.
6. Für die Serviettenknödel die Brötchen klein würfeln und 5 El Butter darüber geben.
7. Zwiebeln häuten, würfeln und mit 1 EL Butter in einer Pfanne anbraten, dann zur Semmelmasse geben.
8. Milch, Eier, Muskat und eine Prise Salz in einer Schüssel verrühren, über die Brötchenwürfel gießen, gut vermengen und 30 Minuten ziehen lassen.
9. Danach die Brötchenmasse durchkneten und zu einer länglichen Rolle (ca. Ø 6 cm) formen.
10. Eine Stoffserviette oder Frischhaltefolie anfeuchten und die Knödelrolle darin einwickeln und die Enden mit einem Garn zusammenbinden.
11. Salzwasser in einem großen Topf zum Kochen bringen. Den Serviettenknödel ins leicht kochende Wasser hängen und 35 Minuten leicht köcheln lassen, dann auswickeln und in Scheiben schneiden.
12. Knödel zusammen mit dem Rindfleisch auf Tellern servieren.

# Gefüllte Kürbisse

**FÜR 4 PORTIONEN**

1 kleiner Hokkaido-Kürbis (ca. 500 g)
1 Butternutkürbis
4 EL Olivenöl
500 g Hackfleisch
2 Knoblauchzehen
1 Zwiebel
Salz
Pfeffer
½ TL gemahlener Kümmel
½ TL Piment
Chilipulver
2 Eier
125 ml Milch
125 ml Sahne
½ Bund Koriander
150 g Joghurt

1. Backofen auf 200 °C Ober-/Unterhitze vorheizen.
2. Kürbisse waschen, halbieren, entkernen und Fasern mit einem Esslöffel herausschaben.
3. Kürbishälften mit 2 EL Olivenöl bepinseln und 15 Minuten im Ofen backen.
4. In der Zwischenzeit restliches Olivenöl in einer Pfanne erhitzen und das Hackfleisch darin anbraten.
5. Knoblauch und Zwiebel häuten, fein hacken, zum Hackfleisch geben und 3 Minuten mit anbraten. Dann mit Salz, Pfeffer, Kümmel, Piment und Chili würzen und vom Herd ziehen.
6. Kürbisse aus dem Ofen nehmen, Temperatur auf 180 °C reduzieren und die Kürbishälften mit dem Hackfleisch füllen.
7. Eier, Milch und Sahne verquirlen und über das Hackfleisch geben.
8. Kürbisse im Ofen weitere 25 Minuten backen.
9. Koriander fein hacken, mit dem Joghurt vermengen und mit den gefüllten Kürbissen servieren.

# Senf- und Kräutersoße mit Kartoffeln

**FÜR 4 PORTIONEN**

**Für die Senfsoße**
2 EL Butter
1½ EL Mehl
250 ml Gemüsebrühe
100 ml Sahne
2 TL körniger Senf
3–4 TL mittelscharfer Senf
Salz
Pfeffer
1 Prise Zucker

**Für die Kräutersoße**
2 Eier
400 g gemischte Kräuter (z. B. Boretsch, Kerbel, Kresse, Petersilie, Pimpinelle, Sauerampfer und Schnittlauch)
1 TL mittelscharfer Senf
1 TL Salz
200 g saure Sahne
500 g Schmand
Pfeffer
2 TL Apfelessig

**Außerdem**
800 g Kartoffeln
Salz
6 Eier

1. Für die Senfsoße die Butter in einem Topf zerlassen, Mehl zugeben und unter Rühren bei mittlerer Hitze kurz aufschäumen lassen.
2. Gemüsebrühe und Sahne nach und nach unterrühren, aufkochen lassen und bei mittlere Hitze 15 Minuten köcheln lassen.
3. Beide Senfsorten unterrühren und mit Salz, Pfeffer und Zucker abschmecken.
4. Für die Kräutersoße 2 Eier hart kochen, abschrecken und pellen.
5. Die Kräuter waschen, trocken schütteln und grob hacken.
6. Eier halbieren und die Eigelbe herauslösen.
7. Eigelbe zusammen mit den Kräutern, Senf, ½ TL Salz und saure Sahne in einem Blitzhacker zerkleinern.
8. Eiweiß grob hacken und unter die Kräutermasse rühren, Schmand unterheben.
9. Mit Salz, Pfeffer und Essig abschmecken und 2 Stunden im Kühlschrank ziehen lassen.
10. Die Kartoffeln schälen, halbieren und in einem Topf mit kaltem Salzwasser bedeckt aufkochen. Dann 20–25 Minuten garen.
11. 6 Eier in kochendem Wasser ca. 6 Minuten kochen, dann abschrecken, pellen und halbieren.
12. Die Kartoffeln abgießen und zusammen mit den Soßen und Eiern servieren.

# Hähnchen mit Honig-Nuss-Kruste, Gemüse und Salsa

### FÜR 4 PORTIONEN

1 Knoblauchzehe
1 kg Kartoffeln
je 1 rote, gelbe und grüne Paprikaschote
3 Frühlingszwiebeln
100 g Brokkoli
2 Pastinaken
3 Karotten
4 Tomaten
2 altbackene Brötchen
100 g Mandelkerne
100 g Haselnusskerne
Olivenöl
Honig
Salz
1 küchenfertiges Hähnchen (ca. 1,5 kg)
Pfeffer

**Für die Salsa**
300 g Tomaten
1 rote Paprikaschote
1 Mango
1 Frühlingszwiebel
1 Knoblauchzehe
2 EL Limettensaft
3 EL weißer Balsamicoessig
3 EL Olivenöl
Salz
Pfeffer
½ Bund frische Petersilie

1. Für die Salsa Tomaten und Paprika würfeln. Mango schälen und würfeln. Frühlingszwiebeln waschen und in feine Ringe schneiden. Den Knoblauch fein hacken. Alle Zutaten mit Limettensaft, Essig und Öl vermengen, mit Salz und Pfeffer abschmecken.
2. Petersilie waschen, trocken schütteln, grob hacken und darüber streuen. Bis zur Verwendung in den Kühlschrank stellen.
3. Knoblauchzehe fein hacken, Kartoffeln schälen und halbieren. Die Paprika waschen und in Streifen schneiden. Frühlingszwiebeln waschen und in Ringe schneiden. Brokkoli waschen, in Röschen schneiden, Pastinaken schälen und in Scheiben schneiden. Karotten waschen und halbieren.
4. Brötchen grob würfeln und zusammen mit den Mandeln und Haselnüssen in einem Mixer zerkleinern. 4 TL Honig zugeben, mit Salz und Pfeffer abschmecken und alles vermengen.
5. Backofen auf 200 °C Ober-/Unterhitze vorheizen.
6. Einen Bräter oder ein großes Backblech etwas einfetten. Hähnchen mit Olivenöl einreiben und innen sowie außen salzen und pfeffern.
7. In den Bräter oder auf das Backblech legen und 30 Minuten im Ofen braten.
8. Gemüse und Kartoffeln um das Hähnchen herum verteilen, mit Olivenöl beträufeln und etwas Salzen.
9. Im Ofen weitere 20 Minuten backen.
10. Hähnchen mit Honig einpinseln, die Nussmischung darauf verteilen und leicht andrücken.
11. Im Ofen weitere 30 Minuten backen, dabei ab und zu mit etwas Olivenöl und Honig beträufeln.
12. Hähnchen mit Salsa servieren.

# LECKERES AUS DEN OBSTGÄRTEN

In Mittelerde gibt es viele Obstbäume, die meist im Auenland und in den Wäldern zu finden sind, vor allem Apfel- und Birnbäume. Daher habe ich ganz viele leckere Apfel- und Birnenkuchenrezepte aufgeschrieben. Du kannst das Obst aber natürlich auch je nach Saison ersetzen.

# Knackiger Apfel mit Quarkfüllung in Blätterteig

**FÜR 6 STÜCK**

200 g Magerquark
1 Päckchen Vanillezucker
1 Ei
3 Äpfel
6 TK-Blätterteigplatten, angetaut
50 g Mandelblättchen
4 EL Aprikosenfruchtaufstrich

1. Backofen auf 180 °C Umluft vorheizen.
2. Quark in einer Schüssel mit dem Vanillezucker verrühren. Das Ei in einer Tasse mit der Gabel verquirlen.
3. Äpfel schälen, halbieren, entkernen und auf der gerundeten Seite mehrmals quer einschneiden.
4. Aus den Blätterteigplatten jeweils 1 Apfelform ausschneiden, die etwas größer ist als die Apfelhälften. Teigplatten auf ein mit Backpapier ausgelegtes Backblech setzen und mit Ei bepinseln. Die Quarkmasse jeweils mittig auf den Teig geben.
5. Apfelhälften mittig auf den Teig setzen und leicht andrücken. Gebäck in 20–25 Minuten in der unteren Hälfte des Ofens goldbraun backen.
6. In der Zwischenzeit die Mandelblättchen in einer Pfanne ohne Fettzugabe leicht rösten.
7. Den Aprikosenfruchtaufstrich in einem Topf etwas erwärmen, die noch warmen Blätterteig-Äpfel damit einpinseln und mit Mandelblättchen bestreuen.

# Apfelkrapfen-Kuchen

**FÜR 1 KASTENFORM (CA. 10 × 25 CM)**

**Für den Zimtzucker**
70 g hellbrauner Zucker
2 TL Zimt

**Für den Teig**
150 g Zucker
115 g Butter, Zimmertemperatur
2 TL Vanilleextrakt
2 Eier
220 g Mehl
2 TL Backpulver
1 Prise Salz
110 g Buttermilch
Fett für die Form

**Für die Füllung**
250 g Äpfel
1½ TL Zimt
3 EL Zucker

**Für die Glasur**
80 g Puderzucker
2 TL Sahne oder Milch

1. Backofen auf 180 °C Ober-/Unterhitze vorheizen.
2. Für den Zimtzucker Zucker und Zimt in einer Schüssel vermengen und zur Seite stellen.
3. Für den Teig Zucker und Butter in einer Schüssel mit dem Handmixer schaumig schlagen. Vanilleextrakt einrühren, danach die Eier einzeln einarbeiten.
4. Mehl, Backpulver und Salz in einer weiteren Schüssel vermengen und dann unter die Buttermischung rühren. Die Buttermilch zugeben.
5. Äpfel schälen, entkernen und in Würfel schneiden. In eine Schüssel geben und mit Zimt und Zucker vermischen, sodass sie gut damit überzogen sind.
6. Die Kastenform einfetten und die Hälfte des Teigs einfüllen. Die Apfelwürfel darauf verteilen und vorsichtig in den Teig drücken.
7. Den vorbereiteten Zimtzucker daraufstreuen und den restlichen Kuchenteig darüberlöffeln. Teig mit einer Gabel etwas durchrühren und im Ofen 60–65 Minuten backen.
8. Für die Glasur Puderzucker und Sahne in einer Tasse verrühren und mit einem Pinsel auf dem noch warmen Kuchen verstreichen.

# Apfelkuchen prall gefüllt mit Äpfeln

**FÜR 1 PIE- ODER SPRINGFORM (CA. Ø 26 CM)**

**Für den Teig**

300 g Mehl plus mehr für die Arbeitsfläche
1 EL Zucker
1 TL Salz
175 g Butter, Zimmertemperatur
6 EL eiskaltes Wasser
Fett für die Form
2 EL Milch

**Für die Füllung**

1 Bio-Zitrone
1 ½ kg Äpfel
125 g Zucker
50 g brauner Zucker
2 EL Mehl
1 Prise frisch gemahlene Muskatnuss
1 TL Zimt
1 TL Vanilleextrakt

1. Für den Teig Mehl, Zucker und Salz in einer Schüssel vermengen. Butter in Flöckchen dazugeben und mit dem Handmixer zu einem bröseligen Teig verarbeiten. So viel eiskaltes Wasser einkneten, bis ein glatter, formbarer Mürbeteig entsteht. Teig in Folie wickeln und bis zur Verwendung in den Kühlschrank geben.
2. Zitrone heiß abwaschen, abtrocknen, die Schale fein abreiben und die Frucht auspressen.
3. Äpfel schälen, entkernen und in Spalten schneiden. In einer Schüssel mit dem Zitronensaft vermengen.
4. Zucker, braunen Zucker, Mehl, Zitronenschale, Muskat, Zimt und Vanille in einer Schüssel vermischen und die Apfelspalten unterheben.
5. Backofen auf 180 °C Ober-/Unterhitze vorheizen. Die Backform einfetten.
6. Teig in 2 Portionen teilen. Eine Hälfte auf einer bemehlten Arbeitsfläche ausrollen und den Boden und den Rand der Form damit auslegen.
7. Die Apfelmischung darauf verteilen.
8. Den restlichen Teig ebenfalls ausrollen und in ca. 1 ½ cm breite Streifen schneiden oder mit einem Keksausstecher Motive ausstechen.
9. Die Streifen als Gitter über die Äpfel legen und an den Rändern gut andrücken oder die Motive auf der Füllung verteilen. Teiggitter oder Motive mit der Milch bestreichen. Kuchen 60–75 Minuten im Ofen backen.

# Schokoladenkuchen mit ganzen Birnen

**FÜR 1 SPRINGFORM (Ø 24 CM)**

8 kleine Birnen
160 g Zucker
1 TL Zimt
500 ml Wasser
Fett für die Form
150 g Kuvertüre
160 g Butter
4 Eier
1 Päckchen Schokoladenpuddingpulver
160 g Mehl
1 TL Backpulver
Puderzucker zum Bestreuen

1. Birnen schälen und das Kerngehäuse von der Unterseite vorsichtig herausschneiden.
2. 40 g Zucker mit dem Zimt und dem Wasser in einem Topf zum Kochen bringen. Temperatur reduzieren, Birnen zugeben und bei geringer Hitze 15 Minuten ziehen lassen.
3. Backofen auf 180 °C Ober-/Unterhitze vorheizen und die Springform etwas einfetten.
4. Die Kuvertüre grob hacken, in eine Metallschüssel geben und auf dem heißen Wasserbad schmelzen.
5. Butter, Eier, restlichen Zucker, Schokolade und Puddingpulver in einer Schüssel mit dem Handmixer cremig rühren. Mehl und Backpulver unterrühren.
6. Teig in die Form geben, glatt streichen und die Birnen aufrecht in den Teig stellen. Kuchen im Ofen 30–40 Minuten backen.
7. Herausnehmen, abkühlen lassen und vor dem Servieren mit Puderzucker bestäuben.

# Haselnuss-Apfel-Dessert

**FÜR 4 PORTIONEN**

3 rote Äpfel
1 TL Vanilleextrakt
120 g Zucker
50 ml Apfelsaft
50 g Mehl
2 EL gemahlene Haselnüsse
2 EL Butter, Zimmertemperatur
100 ml Sahne
250 g Mascarpone
1 TL Zimt
2 EL Puderzucker
1 Päckchen Vanillezucker

1. Backofen auf 200 °C Ober-/Unterhitze vorheizen.
2. Äpfel waschen, schälen, entkernen und in Spalten schneiden. In einer Schüssel mit 1 TL Vanilleextrakt, 90 g Zucker und Apfelsaft vermengen. In eine Auflaufform füllen und im Ofen 20 Minuten backen. Nach 10 Minuten einmal umrühren.
3. Mehl, 30 g Zucker, Nüsse und Butter in eine Schüssel geben und mit den Händen zu Streuseln verkneten. Streusel in eine seperate Form füllen und 15 Minuten im Ofen mitbacken, dann herausnehmen und auskühlen lassen.
4. Währenddessen Sahne in eine Schüssel geben und mit dem Handmixer steif schlagen.
5. Mascarpone, Zimt, Puderzucker und Vanillezucker in einer weiteren Schüssel verrühren und die Sahne unterheben.
6. Apfelspalten samt dem entstandenen Saft und der Mascarponecreme auf 4 Dessertgläser verteilen und mit den Streuseln bedecken.

# Apfelkuchen-Kekse

**FÜR 20 STÜCK**

170 g Butter, Zimmertemperatur
150 g brauner Zucker
100 g Zucker
1 Ei
250 g Mehl
1 Päckchen Vanillezucker
2 Päckchen Vanillepuddingpulver
1 TL Backpulver
2½ TL Zimt
¼ TL frisch gemahlene Muskatnuss
1 Prise Salz
2 Äpfel

1. Butter, braunen Zucker und 50 g Zucker in einer Schüssel mit dem Handmixer schaumig rühren. Das Ei untermischen.
2. Mehl, Vanillezucker, Vanillepuddingpulver, Backpulver, 1 TL Zimt, Muskatnuss und Salz in einer weiteren Schüssel vermengen und dann unter die Butter-Ei-Mischung rühren.
3. Äpfel schälen, entkernen und würfeln. Apfelwürfel unter den Teig heben und diesen im Kühlschrank 20 Minuten ruhen lassen.
4. Backofen auf 180 °C Ober-/Unterhitze vorheizen. Ein Backblech mit Backpapier auslegen.
5. Den restlichen Zucker und den restlichen Zimt in einer Schüssel verrühren.
6. Aus dem Teig 20 gleich große Kugeln formen und im Zimtzucker wälzen, bis sie jeweils vollständig damit bedeckt sind.
7. Teigkugeln mit ca. 3 cm Abstand zueinander auf das Backblech legen und 10–12 Minuten im Ofen backen.

# Kleine Apfelkuchen

**FÜR 12–15 STÜCK**

Fett für die Förmchen
350 ml naturtrüber Apfelsaft
4 EL Butter
2 Eier
80 g Apfelmus
2 TL Vanilleextrakt
100 g brauner Zucker
270 g Mehl
1 ½ TL Backpulver
1 TL Zimt
¼ TL frisch gemahlene Muskatnuss
¼ TL gemahlener Ingwer
½ TL Salz

Außerdem
6 EL Butter
100 g Zucker
2 TL Zimt
¼ TL gemahlener Kardamom

1. Backofen auf 180 °C Ober-/Unterhitze vorheizen und die Förmchen etwas einfetten.
2. Apfelsaft, Butter, Eier, Apfelmus, Vanille und braunen Zucker in eine Schüssel geben und mit dem Handmixer verrühren.
3. Mehl, Backpulver, Zimt, Muskatnuss, Ingwer und Salz zufügen und gut vermischen.
4. Teig gleichmäßig auf die Förmchen aufteilen und 12–15 Minuten im Ofen backen. Herausnehmen, Küchlein 5 Minuten in der Form abkühlen lassen, dann auf ein Kuchengitter stürzen und komplett auskühlen lassen.
5. Butter in einer Pfanne bei mittlerer Hitze unter Rühren schmelzen und bräunen, bis sie leicht nussig riecht, dann Pfanne vom Herd nehmen.
6. Zucker, Zimt und Kardamom in einer Schüssel vermengen.
7. Die kleinen Kuchen mit der Butter bepinseln und dann in der Zuckermischung rollen.

# Birnen-Apfel-Taschen

**FÜR 8 STÜCK**

8 Platten TK-Blätterteig
50 g Marzipanrohmasse
2 Äpfel
2 Birnen
2 EL Zitronensaft
3 EL Zucker
1 EL Rosinen
3 EL gemahlene Mandeln
½ TL Zimt
1 Ei
Puderzucker zum Bestreuen

1. Backofen auf 200 °C Ober-/Unterhitze vorheizen.
2. Blätterteigscheiben in 8 Quadrate (ca. 15 × 15 cm) schneiden.
3. Marzipanrohmasse fein reiben.
4. Äpfel und Birnen schälen, entkernen und in Würfel schneiden. In einer Schüssel mit Zitronensaft, Zucker, Rosinen, Mandeln, Zimt und Marzipan vermengen.
5. Füllung jeweils auf einer Hälfte der Teigquadrate verteilen und die andere Hälfte viermal quer einschneiden.
6. Das Ei trennen und das Eiweiß in einer Tasse mit dem Schneebesen verquirlen. Das Eigelb in einer Tasse mit 1 EL Wasser verrühren.
7. Die Teigränder mit dem Eiweiß bepinseln, die eingeschnittene Teighälfte jeweils über die Füllung klappen und die Ränder gut andrücken.
8. Teigtaschen mit Eigelb bepinseln und im Ofen in 20 Minuten goldbraun backen.
9. Vor dem Servieren mit Puderzucker bestäuben.

# GETRÄNKE

Wein scheint ein beliebtes Getränk in Mittelerde zu sein, bei Hobbits und Elben gleichermaßen. Aber auch Met, der Trank der Götter, wird gerne getrunken. Grund genug für mich, leckere Getränke aus beiden zu kreieren, die absolut Tolkien-tauglich sind. Miruvor, der Stärkungstrunk, der Frodo, Merry und Pippin im Schnee vor dem Erfrieren gerettet hat, ist natürlich auch dabei.

# Stärkungstrunk Miruvor

FÜR 400 ML

½ Bio-Zitrone
½ Bio-Orange
350 ml Met (Honigwein)
½ Zimtstange
1 EL Honig
1 EL getrocknete Rosenblätter

1. Zitrone und Orange heiß abwaschen, abtrocknen und die Schale fein abreiben.
2. Met, Orangen- und Zitronenschale, Zimtstange, Honig und Rosenblätter in einen Topf geben und bei niedriger Hitze erwärmen, bis die Flüssigkeit zu köcheln beginnt. Durch ein Sieb in Becher abseihen und servieren.

**TIPP**

Für die alkoholfreie Variante Met durch grünen Tee ersetzen.

# Orangenpunsch

**FÜR 700 ML**

500 ml trockener Rotwein
125 ml Apfelsaft
2 Zimtstangen
2 Sternanis
2 Bio-Orangen
2 EL Preiselbeeren
2 EL Honig
2 EL Rum

1. Rotwein, Apfelsaft, Zimtstangen und Sternanis in einem Topf erhitzen.
2. Orangen waschen und 1 Orange in Scheiben schneiden. Die andere Orange auspressen. Orangensaft, -scheiben und Preiselbeeren zum Rotwein geben und 30 Minuten bei niedriger Hitze ziehen lassen.
3. Glühwein mit Honig süßen und den Rum einrühren. Durch ein Sieb in Tassen abseihen.

# Orangenwein

**FÜR 1 L**

3 Bio-Orangen
2 cm frischer Ingwer
1 l Weißwein
200 g Honig
100 ml Wodka

1. Orangen heiß abwaschen, abtrocknen und die Schale fein abchälen und klein würfeln. Ingwer schälen und reiben. Beides in einen verschließbaren Behälter geben und mit dem Weißwein aufgießen. Gut verschlossen 2 Wochen lang ruhen lassen.
2. Dann Honig und Wodka zugeben und vermischen. Orangenwein durch ein Sieb abseihen und in eine saubere Flasche umfüllen.

# Aragorns Kräftigungstee

**FÜR 2 L**

2 Zitronen
5 cm frischer Ingwer
1 Knoblauchzehe
3 Zweige Minze
2 l Wasser
Honig

1. Zitronen auspressen. Ingwer und Knoblauch schälen und halbieren. Minze waschen und trocken schütteln.
2. Wasser in einem Topf zum Kochen bringen. Ingwer, Knoblauch und Minze zugeben und alles 5 Minuten köcheln lassen. Topf vom Herd nehmen, Tee durch ein Sieb in einen Krug abgießen und dann den Zitronensaft unterrühren.
3. Tee heiß genießen und pro Tasse 1 TL Honig einrühren.

**TIPP**

Dieser Tee ist perfekt für die kalte Jahreszeit. Der frische Ingwer und der Knoblauch stärken das Immunsystem und beugen Erkältungen vor.

# Merrys Chai

**FÜR 1 L**

1 TL gemahlener Ingwer
2 Prisen gemahlener Piment
¾ TL Pfefferkörner
10 ganze Nelken
1½ Zimtstangen
⅛ TL Kardamomsamen
1 l Wasser
2 Teebeutel schwarzer Tee

1. Alle Zutaten bis auf die Teebeutel in einen Topf geben und aufkochen lassen. Dann die Temperatur reduzieren, die Teebeutel einhängen und Tee 5 Minuten ziehen lassen.
2. Teebeutel herausnehmen und Mischung weitere 15 Minuten ziehen lassen. Durch ein Sieb in Tassen oder eine Kanne abseihen.

**TIPP**

Besonders köstlich schmeckt der Chai mit einem Schuss Milch. Als vegane Variante eignet sich Mandel- oder Haferdrink sehr gut.

# Ingwer-Met

**FÜR 3 L**

2 cm frischer Ingwer
1 kg Honig
2 l Wasser
500 ml naturtrüber Apfelsaft
Hefenährsalz (Dosierung nach Herstellerangaben)
1 TL Reinzuchthefe für Wein

1. Ingwer schälen und zusammen mit Honig und Wasser in einen Topf geben und vorsichtig unter Rühren auf 40 °C erwärmen. So löst sich der Honig am bestem im Wasser auf. Apfelsaft und Hefenährsalz unterrühren und Mischung auf 20 °C abkühlen lassen.
2. Hefe zugeben, Ingwer entfernen und den Ansatz in eine Gärflasche füllen.
3. Flasche mit dem Gärverschluss verschließen und Wasser in den Verschluss füllen. Flasche am besten bei einer Raumtemperatur von 20–25 °C lagern. Nach 1–2 Tagen bilden sich kleine Bläschen und das Gas entweicht über den Gärverschluss.
4. Wichtig: Wegen der Gasbildung einen Gärbehälter niemals luftdicht verschließen!
5. Den Ansatz täglich einmal kräftig schwenken bzw. leicht schütteln.
6. Nach 10–21 Tagen sollte die Gärung deutlich nachlassen. Dann den Met in Flaschen abfüllen. Die Trübstoffe setzen sich am Boden ab.

# Alkoholfreier Honig-Met

**FÜR 2 L**

3 Bio-Zitronen
2 l Wasser
500 g Honig
½ TL frisch gemahlene Muskatnuss

1. 1 Zitrone heiß abwaschen, abtrocknen und die Schale fein abreiben. Alle Zitronen auspressen.
2. Wasser, Honig, Muskatnuss und Zitronenschale in einen Topf geben und 25 Minuten einköcheln lassen. Dann auskühlen lassen und den Zitronensaft unterrühren.
3. Met in sterile Flaschen füllen und verschlossen 1 Monat an einem dunklen, kühlen Ort ruhen lassen.

# Honigwein

**FÜR 500 ML**

- 400 ml halbtrockener Weißwein
- 5 EL Waldhonig
- 2 Limonen

1. Wein und Honig in einem Krug verrühren.
2. Limonen auspressen und den Saft zur Weinmischung geben und so lange verrühren, bis sich alles gut vermengt hat.
3. Am besten Honigwein vor dem Verzehr 1 Tag ziehen lassen und eiskalt servieren.

**TIPP**

Das obenstehende Rezept ist ganz schnell gemacht.

Wenn du traditionell einen Honigwein ansetzen willst, kannst du untenstehendes Rezept nehmen.

## Weinansatz

**FÜR 10 L WEINANSATZ**

- 3 kg Bienenhonig
- 7 l Wasser
- 40 g Milchsäure
- 5 Stück Hefenährsalz-Tabletten
- 1 Weinhefekultur
- 1 Apfel
- 1 l Apfelsaft
- 1 g Kaliumdisulfit

1. Honig in einem Topf mit dem Wasser vermengen und auf 50 °C erhitzen, dabei so lange rühren, bis sich der Honig vollständig aufgelöst hat.
2. Mischung auf 25 °C abkühlen lassen und Milchsäure, Hefenährsalz und Weinhefekultur dazugeben.
3. Den Apfel waschen, entkernen und in den Topf reiben. Apfelsaft unterrühren. Ein Gärgefäß mit der Mischung befüllen und mit dem Gäraufsatz verschließen. Das Gärgefäß einmal täglich schütteln. Je nach Standort ist die Gärung nach 2–3 Monaten beendet. Gefäß dann kühl stellen, von der Hefe abziehen und mit Kaliumdisulfit schwefeln.

## TIPP

Beim Abziehen muss der Wein in ein anderes Gärgefäß umgefüllt werden. Keinesfalls darf die Hefe in das andere Gefäß gelangen. Dazu nimmt man einen kleinen Schlauch und saugt den Wein bis auf die Hefe in das neue Gefäß.

# Zutatenregister

# T



# V



# W



# Z

**Bibliografische Information der Deutschen Nationalbibliothek**
Die Deutsche Nationalbibliothek verzeichnet diese Publikation in der Deutschen Nationalbibliografie. Detaillierte bibliografische Daten sind im Internet über http://d-nb.de abrufbar.

**Für Fragen und Anregungen**
info@rivaverlag.de

Wichtige Hinweise

Dieses Buch ist für Lernzwecke gedacht. Es stellt keinen Ersatz für eine individuelle medizinische Beratung dar und sollte auch nicht als solcher benutzt werden. Wenn Sie medizinischen Rat einholen wollen, konsultieren Sie bitte einen qualifizierten Arzt. Der Verlag und der Autor haften für keine nachteiligen Auswirkungen, die in einem direkten oder indirekten Zusammenhang mit den Informationen stehen, die in diesem Buch enthalten sind.

Ausschließlich zum Zweck der besseren Lesbarkeit wurde auf eine genderspezifische Schreibweise sowie eine Mehrfachbezeichnung verzichtet. Alle personenbezogenen Bezeichnungen sind somit geschlechtsneutral zu verstehen.

Dieses Buch ist kein offizielles Lizenzprodukt und wurde weder von Middle-earth Enterprises, von Klett-Cotta noch von Warner Bros. Entertainment Inc. autorisiert, genehmigt oder lizenziert.

Originalausgabe
1. Auflage 2022

Türkenstraße 89
80799 München
Tel.: 089 651285-0
Fax: 089 652096



Redaktion: Caroline Kazianka
Umschlaggestaltung: Isabella Dorsch
Umschlagabbildungen: Patrick Rosenthal; Shuttestock.com: EpicFantasyMaps, Hitachin33, Maisei Raman
Fotos: Patrick Rosenthal; S. 50: shutterstock.com: Papin Lab
Satz: inpunkt[w]o, Haiger (www.inpunktwo.de)
Druck: Florjancic Tisk d.o.o., Slowenien
Printed in the EU

ISBN Print 978-3-7423-1952-4
ISBN E-Book (PDF) 978-3-7453-1686-5
ISBN E-Book (EPUB, Mobi) 978-3-7453-1687-2